Sangre y arena

Vicente Blasco Ibáñez

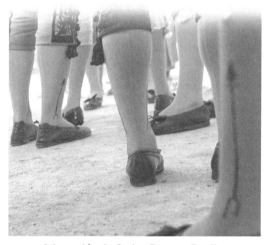

Adaptación de Carlos Romero Dueñas

Nivel
A2

edelsa
GRUPO DIDASCALIA, S.A.

Director de la colección:
Alfredo González Hermoso.

Adaptador de *Sangre y arena*: Carlos Romero Dueñas.

La versión adaptada sigue la edición de Plaza & Janés, Barcelona, 1994
(Colección 'Biblioteca de Vicente Blasco Ibáñez').

Primera edición: 2015.
Primera reimpresión: 2016
Edelsa Grupo Didascalia, S.A. Madrid, 2015.

Dirección y coordinación editorial: Departamento de Edición de Edelsa.
Diseño de cubierta: Departamento de Imagen de Edelsa.
Diseño y maquetación interior: Estudio Grafimarque, S.L.

Imprime: Gómez Aparicio Grupo Gráfico

ISBN: 978-84-9081-708-7
Depósito legal: M-714-2015

Impreso en España/*Printed in Spain*

ÍNDICE

Vicente Blasco Ibáñez
VIDA Y OBRA

1867 Nace en Valencia (Comunidad Valenciana).

1890 Crea el periódico *La Bandera Federal*, desde el cual denuncia los abusos del Gobierno e intenta contribuir al progreso del pueblo.

1892 1905 Se dedica intensamente a la política. Lo eligen diputado por el Partido Republicano Federalista. En estos años escribe sus mejores novelas: *La barraca* (1898) y *Cañas y barro* (1902).

1905 1913 Deja la política y se dedica solo a la literatura y al mundo editorial. Crea Prometeo editorial. En estos años publica uno de sus mayores éxitos internacionales: *Sangre y arena* (1908). Viaja a Argentina para dar conferencias. Allí tiene mucho éxito.

1914 1922 Se convierte en un escritor de éxito internacional. Algunas de sus obras fueron *best sellers* en su época. Empieza la I Guerra Mundial (1914-1918), evento que aprovecha para publicar *Historia de la guerra europea* en fascículos.

1923 1928 Con la dictadura de Primo de Rivera, se exilia a Francia y crea la revista *España con honra*, donde los exiliados contrarios a la dictadura expresan su opinión. Muere en Menton el 28 de enero de 1928.

Parte I

Como todos los días de corrida[1], Juan Gallardo comió pronto. Un trozo de carne asada fue su único plato. Nada de vino: no tocó la botella. Bebió dos tazas de café y encendió un cigarro enorme[2]. Miraba a los clientes que llegaban poco a poco al comedor.

Hacía algunos años que venía al mismo hotel de la calle de Alcalá[3], desde que le dieron la alternativa[4] en la plaza de toros de Madrid. Allí también estuvo muchos días enfermo por dos cogidas[5], pero este mal recuerdo no le importaba, porque todos los empleados lo querían mucho. Él sabía que pasaba grandes peligros en su trabajo, pero pensaba que este hotel le daba buena suerte.

---

1 corrida: corrida de toros, la fiesta de torear en una plaza.
2 enorme: muy grande.
3 calle de Alcalá: la principal avenida de Madrid. Empieza en la Puerta del Sol, pasa por la Puerta de Alcalá y, en aquella época, acababa en la plaza de toros.
4 dar la alternativa: ceremonia en la que un torero confirmado (matador) da la espada de matar toros adultos a un torero que empieza (novillero).
5 cogida: acto en que el toro alcanza al torero con los cuernos. Herida producida por el cuerno del toro.

Como en todos los días de corrida, Juan Gallardo almorzó temprano. Un pedazo de carne asada fue su único plato. Vino, ni probarlo: la botella permaneció intacta ante él. Había que conservarse sereno. Bebió dos tazas de café negro y espeso, y encendió un cigarro enorme, quedando con los codos en la mesa y la mandíbula apoyada en las manos, mirando con ojos soñolientos a los huéspedes que poco a poco ocupaban el comedor.

Hacía algunos años, desde que le dieron «la alternativa» en la Plaza de Toros de Madrid, que venía a alojarse en el mismo hotel de la calle de Alcalá, donde los dueños le trataban como si fuese de la familia, y mozos de comedor, porteros, pinches de cocina y viejas camareras le adoraban como una gloria del establecimiento. Allí también había permanecido muchos días —envuelto en trapos, en un ambiente denso cargado de olor de yodoformo y humo de cigarros— a consecuencia de dos cogidas; pero este mal recuerdo no le impresionaba. En sus supersticiones de meridional sometido a continuos peligros, pensaba que este hotel era «de buena sombra»* y nada malo le ocurriría en él.

---

* de buena sombra: que da buena suerte.

Los días de corrida, después de comer, le gustaba quedarse en el comedor mirando a los viajeros: gentes extranjeras o de otras provincias, caras que le miraban al saber que era Juan Gallardo, famoso matador de toros[6]. Así esperaba la hora de ir a la plaza. ¡Qué tiempo tan largo!

15

---

6 matador de toros: torero. En una corrida suele haber tres matadores.

20   Pensaba que le encontraban guapo y elegante. Todos admiraban[7] su traje, la fina cadena de oro, la perla de la corbata y los calcetines de seda.

   Entraron en el comedor amigos que querían ver al torero. Eran viejos aficionados[8] que lo consideraban un 25 ídolo[9]. Admiraban su fuerza física y el valor con que se acercaba a los toros en el momento de matar[10].

   Subió la escalera para ir a su habitación y encontró a Garabato, su criado, entre maletas y cajas; estaba preparando el traje de luces[11] para la corrida.

30   Ahora tenía que vestirse. Garabato le dio los calzones de lidia[12], de seda color tabaco con pesados bordados[13] de oro. Sobre una camisa de fina batista[14] se puso el chaleco[15] y encima la chaqueta, pesada como una armadura[16], también con grandes bordados de oro.

35   Garabato sacó con gran cuidado de las cajas la montera[17] y el capote[18]. Gallardo se lo puso sobre un hombro

---

7 admirar: ver o contemplar algo con sorpresa y alegría.

8 aficionado: admirador, espectador habitual de corridas. Sabe mucho de toros y de toreros.

9 ídolo: aquí, favorito, persona amada y admirada.

10 momento de matar: última parte de la acción del matador. Consiste en matar al toro con una espada.

11 traje de luces: traje de torero.

12 calzones de lidia: pantalón del traje de torero. La lidia es la corrida.

13 bordado: adorno en relieve sobre la tela.

14 batista: tela muy fina normalmente de lino o algodón.

15 chaleco: prenda de vestir sin mangas, que cubre hasta la cintura.

16 armadura: traje de metal de los caballeros medievales.

17 montera: sombrero del torero.

18 capote: capa para torear.

y se miró al espejo muy contento. No estaba mal... ¡A la plaza!

Al bajar Gallardo al vestíbulo[19] había muchas personas que querían verle. El propietario[20] del hotel también esperaba para despedirle. 40

—¡Buena suerte, don Juan!

—Gracias, muchas gracias. Hasta luego.

Junto a la acera esperaba un coche de caballos. Dentro había tres toreros que vestían trajes bordados como 45 el del maestro[21], pero solo de plata. Era la cuadrilla[22] de Gallardo.

Desde una hora antes, la calle de Alcalá era un río de coches de caballos entre dos orillas[23] de peatones que iban hacia el exterior de la ciudad. Había todo tipo de 50 vehículos: antiguas diligencias[24], como un anacronismo[25], modernos automóviles y tranvías.

A los saludos y los vivas[26] de la gente, Gallardo contestaba con una sonrisa. A su lado iba el Nacional, el

---

19 vestíbulo: en los hoteles, sala grande junto a la entrada del edificio.
20 propietario: dueño.
21 maestro: matador de toros.
22 cuadrilla: toreros que ayudan al matador.
23 orilla: límite de la tierra que la separa del mar o de un río.
24 diligencia: antiguo carruaje de caballos. Se usaba para los viajes.
25 anacronismo: antiguo, que no pertenece al presente.
26 viva: grito.

55 peón[27] de confianza, un banderillero[28], diez años mayor que él, famoso por su bondad y sus conversaciones sobre política.

En la puerta de la plaza, los toreros se ponían en orden: los maestros delante, detrás los banderilleros y, tras
60 ellos, el escuadrón de los picadores[29]. Gallardo se puso en fila con los otros dos matadores, y se intercambiaron entre ellos un saludo con la cabeza. No hablaban, no sonreían. Cada uno pensaba en sí mismo o no pensaba en nada.

65 Las puertas se abrieron completamente. Apareció el gran redondel[30], la verdadera plaza, el espacio circular de arena donde iba a realizarse la fiesta de la tarde delante de catorce mil personas. Y los toreros pasaron de la sombra a la luz, del silencio al bramar[31] del circo[32],
70 donde se movía la gente con curiosidad[33] y se ponían todos en pie para ver mejor. Los matadores se sentían diferentes al caminar sobre la arena. Se jugaban la vida por algo más que el dinero. El deseo de gloria de sus almas sencillas, el orgullo[34] les hacía olvidar el miedo,
75 y les daba una audacia[35] enorme. Gallardo miraba con

---

27 peón: miembro de la cuadrilla.
28 banderillero: miembro de la cuadrilla especializado en poner banderillas al toro (palos de madera con punta metálica).
29 escuadrón de picadores: grupo de ayudantes a caballo.
30 redondel: terreno circular para las corridas de toros.
31 bramar: ruido producido por animales furiosos (toros, ciervos...). Gritar.
32 circo: se refiere a un circo romano. Una plaza de toros es muy similar a un circo romano.
33 curiosidad: interés, deseo de saber lo que va a pasar.
34 orgullo: amor a uno mismo.
35 audacia: valor, atrevimiento, valentía.

aire triunfal[36]. Todo era suyo: la plaza y el público. Se sentía capaz de matar todos los toros de las dehesas[37] de Andalucía y Castilla.

Sonaron timbales y clarines[38], y salió el primer toro. Gallardo se quedó cerca de la barrera[39], muy quieto. Aquel toro era para otro.

Fuentes, el otro torero, mató el primer toro y saludó a la multitud[40]. Ahora era el turno de Gallardo.

Cuando salió el segundo toro, Gallardo pareció llenar toda la plaza con su valentía. Su capa estaba siempre junto a la cara del animal. Pasaron picadores y banderilleros y, cuando las trompetas y timbales anunciaron la última suerte[41], la multitud se movió de emoción.

Tomó la muleta[42] de manos de Garabato, que se la daba desde detrás de la barrera, y tiró del estoque[43] que igualmente le presentaba su criado. El silencio profundo de las grandes emociones cayó de pronto[44] sobre la multitud, la plaza parecía vacía. Nadie respiraba.

---

36 triunfal: de triunfo, de éxito, victorioso.
37 dehesa: gran propiedad del campo dedicada a la cría de toros bravos. Generalmente se encuentran en el sur y centro de España.
38 timbales y clarines: instrumentos de percusión y de viento que trasmiten las órdenes y señales en la corrida.
39 barrera: muro de madera para separar a los toros y toreros del público.
40 multitud: muchas personas.
41 la última suerte: el momento de matar al toro.
42 muleta: pequeña capa utilizada en el momento de matar.
43 estoque: espada para matar al toro.
44 de pronto: de repente.

La muleta pasó sobre los cuernos del animal y estos
95   tocaron los bordados de oro del torero, que siguió quieto
en su sitio. Un rugido[45] de la multitud contestó: «¡olé!».

Se volvió la fiera[46], embistió[47] otra vez al hombre y
a su trapo[48] y volvió a repetirse el pase[49] con la misma
reacción del público. El toro, cada vez más furioso por el
100   engaño, embestía al matador y este repetía los pases de
muleta, en un pequeño espacio de terreno.

Sintió Gallardo la corazonada[50] de sus mejores éxitos.
Era demasiado pronto para matar, el toro no estaba bien
colocado, podía atraparlo[51], pero ¿qué le importaban las
105   reglas ni la vida a aquel desesperado[52]? De pronto puso
la espada por delante, al mismo tiempo que la fiera caía
sobre él. Fue un encontronazo[53] brutal, salvaje. Por un
momento hombre y animal formaron una sola masa, no
se veía quién era el vencedor. De pronto, el animal se
110   paró, hizo dolorosos movimientos, dobló las patas delan-
teras, bajó la cabeza hasta tocar la arena y se cayó tem-
blando antes de morir.

Estaba ya en el redondel el tercer toro y duraba aún
la ovación[54] a Gallardo. Esto quitaba valor al resto de la

---

45 rugido: grito furioso.
46 fiera: animal; aquí, el toro.
47 embestir: atacar (un toro).
48 trapo: pedazo de tela. Aquí se refiere a la muleta.
49 pase: el torero hace que el toro pase muy cerca de su cuerpo.
50 corazonada: intuición.
51 atrapar: agarrar o alcanzar a alguien para retenerlo.
52 desesperado: dispuesto a cualquier cosa para triunfar.
53 encontronazo: choque, impacto.
54 ovación: aplausos, gritos y vivas del público.

corrida. Los otros toreros, con envidia profesional, in- 115
tentaban atraer la atención de la gente, pero los aplausos
eran poco fuertes después de las anteriores ovaciones.

El quinto toro de la corrida era de nuevo para Gallardo, que salió a la arena con deseos de admirar al público.

Gallardo puso el trapo en la misma cabeza de la fie- 120
ra. Un pase, ¡olé!, pero el animal se volvió, embistió de
nuevo al matador y le quitó la muleta de las manos. Gallardo tuvo que correr hasta la barrera y volvió con otra
muleta y el estoque hacia el toro, pero más nervioso,
quería matar rápidamente a aquel animal que le hizo 125
huir a la vista de miles de admiradores.

Dio solo dos pases y, de pronto, se acercó al toro y
le metió el estoque entre los cuernos. Ante el golpe, el
torero se movió de un lado para otro a punto de caerse.
Y el toro, tras una loca carrera, murió al otro lado de la 130
plaza.

—¡Qué valiente!, ¡es el primer matador del mundo!

El resto de la corrida apenas llamó la atención. Todo
parecía gris tras las audacias de Gallardo.

* * *

Juan Gallardo padre fue un famoso zapatero remen- 135
dón[55] del barrio de la Feria en Sevilla. De las tres pese-

---

55 zapatero remendón: pequeño artesano que repara zapatos.

tas[56] que ganaba cada día, una se la daba a la señora Angustias, su mujer, para la casa y los hijos, y las otras dos eran para vino andaluz con los amigos y para ir a las corridas. Opinaba que, si no bebía y no iba a los toros, ¿para qué estaba en este mundo?

Cuando murió su marido, la señora Angustias, con sus dos hijos, Encarnación y Juanito[57], tuvo que trabajar en las casas más ricas del barrio, coser[58] para las vecinas y hacer todo tipo de servicios. Encarnación, de diecisiete años, pudo entrar a trabajar en la Fábrica de Tabacos[59]. A Juanito le sacó de la escuela a los doce años y entró a trabajar de aprendiz con un conocido zapatero. Pero el chico estaba mucho más interesado por los toros y los toreros que por los zapatos. Por las tardes, junto con otros chicos de su edad y vagabundos[60], iba a la calle de las Sierpes[61] a ver de cerca a los toreros que se reunían en el café de La Campana. Juanito los miraba como seres superiores.

La adolescencia de Juanito pasó entre conversaciones de toros con otros muchachos y viajes a pueblos, cada vez más lejanos de Sevilla, para participar en capeas[62],

---

56 peseta: moneda de España antes del euro. Un euro = 166,386 pesetas.

57 Juanito: diminutivo de Juan.

58 coser: unir con hilo las telas para hacer trajes y vestidos.

59 Fábrica de Tabacos: la Real Fábrica de Tabacos de Sevilla es un edificio de piedra construido en el siglo XVIII. Fue la primera fábrica de tabacos de Europa. Actualmente es el rectorado de la Universidad de Sevilla.

60 vagabundo: persona sin trabajo, sin oficio y sin domicilio.

61 calle de las Sierpes: la calle central de Sevilla en aquella época, con muchos comercios y cafés.

62 capea: fiesta de toros donde se sueltan toros o vacas muy jóvenes o muy viejos para que el público se divierta intentando torearlos.

donde se soltaban toros viejos para divertir a los jóvenes
no profesionales. Tras la capea, si el público estaba con-
tento, recibían algunas monedas. Los viajes eran a pie o   160
en el tren, sin billete, huyendo del revisor[63] de vagón en
vagón. Muy pronto dejó de ir a la zapatería.

* * *

Una tarde, en un pueblo de Extremadura, a su mejor amigo y compañero de capeas, llamado Chiripa, lo
enganchó por los cuernos uno de aquellos viejos toros.   165
Perdió mucha sangre y quedó allí muerto. Al llegar a Se-
villa, los amigos corrieron hacia Juanito para conocer con
todos los detalles la muerte del pobre Chiripa. Los toreros
profesionales le preguntaban en La Campana y recorda-
ban con pena al muchacho. Juan explicó que intentó ayu-   170
dar a su amigo y todos pensaron que era un héroe. Vio
las cosas claras. ¡Torero, nada más que torero!, si otros lo
eran, ¿por qué no él? Además sentía gran deseo por todas
las cosas buenas de la vida, miraba con envidia los coches
y los caballos, se paraba en las puertas de las grandes ca-   175
sas y admiraba sus lujosos patios[64] de azulejos[65], mármol
y fuentes. Matar toros, ser rico y salir en los periódicos,
tener admiradores; podía morir, pero no le importaba.

El propietario de La Rinconada, rico cortijo[66] con
una pequeña plaza de toros, tenía mesa preparada para   180

---

63 revisor: empleado del ferrocarril que controla los billetes.
64 patio: la casa tradicional andaluza se organiza alrededor de un patio con una fuente.
65 azulejo: objeto de colores que se usa para cubrir paredes y suelos o para decorar.
66 cortijo: gran propiedad rural en Andalucía, con una mansión, generalmente lujosa.

todos los aficionados pobres que lidiaban[67] sus toros para divertirle. Juanito fue allí en días de miseria[68], con otros compañeros, para comer a la salud del hidalgo campestre[69]. Mató un novillo[70] y al dueño le gustó mu-
185 cho, por eso le sentó a su mesa. Los demás comieron en la cocina. Al volver a Sevilla, pensaba Juanito que para él era el comienzo de una nueva vida y miraba el enorme cortijo, con sus olivos, sus campos y prados con miles de cabras, toros y vacas. ¡Qué riqueza! Soñaba con tener
190 un día algo parecido.

Un día se organizó en Sevilla una corrida de novillos, y aficionados ricos e importantes, deseosos de novedades, pusieron su nombre en el cartel[71] gratuitamente. Todo el barrio de la Feria fue a la corrida. Gallardo
195 toreó, mató, lo enganchó un toro, sin sufrir heridas, y provocó gritos de excitación del público. Los aficionados importantes comentaron contentos que le faltaba mucho por aprender, pero que tenía corazón y que entraba a matar con mucho valor. La salida de la plaza fue triun-
200 fal. La multitud se acercó a Juan como para comérselo, estaban admirados.

La vida de Gallardo cambió por completo desde ese día. Le saludaban los señoritos[72] y le hacían sentar entre

---

67 lidiar: torear y matar un toro.
68 miseria: gran pobreza, falta de lo necesario para comer o para otra cosa.
69 hidalgo campestre: propietario de tierras de origen aristocrático (hidalgo), que vive en el campo.
70 novillo: toro joven.
71 cartel: lista de los matadores de toros que participan en una corrida. Generalmente son tres.
72 señorito: caballero de familia rica, generalmente propietario de tierras.

ellos en las puertas de los cafés. Durante año y medio
Juan mató novillos en las mejores plazas de España y su   205
fama llegó hasta Madrid. Los periódicos hablaban del
niño sevillano y los aficionados de la capital tenían curiosidad por conocerlo.

Llegó el día de la alternativa: el reconocimiento de
Gallardo como matador de toros. Un maestro famoso   210
le dio la espada y la muleta en pleno redondel de la plaza de Sevilla. Al mes siguiente, la alternativa se confir-
mó en la plaza de Madrid por otro maestro, no menos
famoso, en una corrida de toros de Miura[73]. Ya no era
novillero, era matador, y su nombre estaba junto a los   215
maestros que tanto admiraba.

---

73 toros de Miura: famosos por ser los más peligrosos y los más salvajes de España.

Parte II

Durante la fiesta del Corpus[74], en Sevilla, Gallardo vio a una joven alta y delgada que le pareció muy hermosa. Después de seguirla a ella y a su tía supo que era Carmen, una compañera de la infancia. Se hicieron novios y todos los vecinos hablaron de estas relaciones.

—Yo soy así —decía Gallardo a sus admiradores—. No quiero imitar a otros toreros que se casan con señoritas[75]. Yo, con las de mi clase.

La boda de Gallardo fue un gran evento. Se casaron en San Gil[76], ante la Virgen de la Macarena. Un diputado[77] fue el padrino. Después fueron todos a la nueva casa de la familia, con patio de columnas y azulejos. En el patio hubo un gran banquete. Se hicieron fotografías para los periódicos de Madrid. Hasta altas horas de la noche sonaron las guitarras y se bailaron sevillanas[78].

---

74 fiesta del Corpus: fiesta religiosa, especialmente celebrada en Andalucía con brillantes ceremonias y procesiones.

75 señorita: aquí, muchacha de familia rica.

76 San Gil: iglesia de Sevilla muy famosa entre los toreros. En ella está la imagen de la Virgen de la Macarena, que participa en procesiones durante la Semana Santa. Es la Virgen más importante para los sevillanos.

77 diputado: representante político.

78 sevillana: baile típico de Sevilla.

Durante el invierno, época de descanso para los to-
reros, Juan estaba en casa o iba al campo. Carmen era
feliz porque su marido no corría peligro. Pero cuando
llegaba la primavera y Gallardo salía a torear por las 20
plazas de España, Carmen tenía miedo y lloraba por la
menor causa. Jamás iba a una corrida, ni de su marido
ni de ningún otro torero. Se podía desmayar de miedo al
ver ante el peligro a otros hombres que vestían el mismo
traje que Juan. 25

A los cuatro años de matrimonio, el torero dio a su
mujer y a su madre una gran sorpresa. Iban a ser pro-
pietarios, pero propietarios a lo grande[79], con tierras,
olivos, molinos y rebaños; un cortijo igual que los seño-
res ricos de Sevilla. Gallardo tenía el deseo de todos los 30
toreros, de ser señores de campo. No les gusta ser ricos
en una ciudad, tener solo dinero en papel. El cortijo que
compró Gallardo se llamaba *La Rinconada*. El propieta-
rio lo vendía a muy buen precio. Juan Gallardo volvía al
lugar donde años antes lo invitaron a torear y a comer. 35
Ahora entraba como propietario. Se realizaba así uno
de los sueños de su vida.

* * *

Al llegar el otoño, y el final de la época de las corridas,
Gallardo descansaba unos días en Sevilla antes de irse a
La Rinconada con su familia. Al llegar este periodo de cal- 40
ma, le gustaba mucho vivir en su propia casa, libre de los
continuos viajes en tren, de una ciudad a otra de España.

---

79 a lo grande: con mucha abundancia de dinero y propiedades.

Uno de esos días, un viernes por la tarde, paseando hacia la calle de las Sierpes tuvo deseos de entrar en la iglesia de San Lorenzo. En la plaza había lujosos coches de caballos. De ellos bajaban señoras, vestidas de negro, con ricas mantillas[80]. Al entrar en la iglesia, vio que entre las devotas[81] pasaba una mujer alta, de belleza sorprendente, vestida de colores claros y con un gran sombrero de plumas. Debajo de este brillaba el oro luminoso de sus cabellos. Gallardo la reconoció, era doña Sol, la sobrina del marqués de Moraima. *La Embajadora*, como la llamaban en Sevilla.

Al pasar junto a Juan, la mirada de doña Sol no se bajó, más bien se quedó fija, con la frialdad[82] de una gran señora, y esto le obligó a él a desviar la suya.

2.

---

2. | Versión original del texto anterior

Un movimiento de las mujeres arrodilladas delante de él distrajo su atención, ávida de intervenciones sobrenaturales para su vida en peligro.

Pasaba una señora por entre las devotas, atrayendo la atención de éstas: una mujer alta, esbelta, de belleza ruidosa, vestida de colores claros y con un gran sombrero de plumas, bajo el cual brillaba con estallido de escándalo el oro luminoso de su cabellera.

---

80 mantilla: pieza de tela de encaje o bordado que las mujeres se ponían sobre la cabeza para entrar en las iglesias.
81 devota: que pasa gran parte de su tiempo en las iglesias.
82 frialdad: indiferencia, poco interés.

Gallardo la conoció. Era doña Sol, la sobrina del marqués de Moraima, «la Embajadora», como la llamaban en Sevilla. Pasó entre las mujeres, sin reparar en sus movimientos de curiosidad, satisfecha de las ojeadas y del susurro de sus palabras, como si todo esto fuese un homenaje natural que debía acompañar su presentación en todas partes.

El traje de una elegancia exótica y el enorme sombrero destacábanse con realce chillón sobre la masa obscura de los tocados femeniles. Se arrodilló, inclinó la cabeza como si orase unos instantes, y luego, sus ojos claros, de un azul verdoso con reflejos de oro, paseáronse por el templo tranquilamente, como si estuviese en un teatro y examinase la concurrencia buscando caras conocidas. Estos ojos parecían sonreír cuando encontraban el rostro de una amiga, y persistiendo en sus paseos, acabaron por tropezarse con los de Gallardo fijos en ella.

Fuera del templo, sintió la necesidad de no alejarse, de verla otra vez, y se quedó cerca de la puerta. El corazón le avisaba de algo extraordinario, como las tardes de buena suerte en las corridas. Cuando salió doña Sol, 60 esta volvió a mirarle, sabía que él la estaba esperando. Subió a un coche descubierto, con dos amigas y, al alejarse, todavía volvió la cabeza, y sonrió un poco.

Gallardo estuvo pensando en ella toda la tarde. A su admiración por la belleza se unía su antiguo sentimien- 65 to de respeto por los ricos. ¡Quería llamar la atención de aquella mujer! Su apoderado[83], gran amigo del marqués de Moraima, le habló de doña Sol. Casada con un

___

83 apoderado: representante y agente de un torero.

embajador de España, vivió en las principales ciudades
europeas. Volvió a Sevilla con muchos vestidos y som-
breros de París, con perfumes de Londres, y con fama
de tener amantes por media Europa. Su marido murió
cuando ella era joven todavía y se quedó a vivir en casa
de su tío el marqués. Se la veía por Sevilla a caballo o
en la plaza de toros vestida de maja[84], como las mujeres
pintadas por Goya.

Doña Sol, según el apoderado, era feliz con su vida
en Sevilla. Después de estar en países brumosos[85] y fríos,
admiraba el cielo de azul intenso, el sol de invierno de
suave oro y la dulzura de la vida en este país tan... pintoresco[86].

—¡Parece una inglesa de esas que vienen en Semana
Santa!, pero ella también nació en Sevilla. Ahora doña
Sol recibe por las mañanas a un gitano[87] viejo que le da
lecciones de guitarra —decía el apoderado.

Cuatro días después, con misterio, el apoderado co-
municó a Juan que doña Sol deseaba invitarle a una fiesta en la finca[88] de su tío en el campo.

—Dice que te ha visto torear varias veces. Reconoce
que eres muy valiente. Pero no hay que hacerse ilusio-

---

84 maja: mujer vestida con traje de finales del siglo XVIII.
85 brumoso: con bruma y niebla.
86 pintoresco: típico.
87 gitano: persona procedente de la India, extendido por varios países que siguen siendo un
    poco nómadas y con rasgos físicos y culturales propios.
88 finca: propiedad rural. Es lo mismo que cortijo o dehesa.

nes, Juanito, quiere ver de cerca a un torero, por lo mismo que toma lecciones del gitano. Color local[89], y nada más —le dijo.

El día de la fiesta un grupo numeroso de amigos del marqués, el torero, doña Sol y el apoderado galopaban[90] a lo largo del Guadalquivir[91], hacia las afueras[92] de Sevilla. Dejaron atrás la Torre del Oro[93] y al llegar a la dehesa les esperaban muchas personas de la familia y las amistades del marqués.

95

En el cercado[94], el marqués y algunos de sus amigos a caballo hicieron correr a los toros. Doña Sol quiso imitarlos y estuvo a punto de tener un grave accidente; un toro viejo embistió a su caballo, lo hirió y a ella le hizo caer al suelo. Gallardo pudo llamar la atención del toro, se lo llevó lejos de doña Sol y la salvó así de una cogida. Como consecuencia del accidente, estuvo un tiempo sin salir de su casa para descansar.

100

105

Pasaron varios días y el torero no tenía noticias de ella. El apoderado le dijo que la mejor sociedad de Sevilla pasó por la casa de la dama para preguntarle por su salud. Entonces Juan decidió hacer una visita a la dama, en compañía del apoderado.

110

---

89 color local: expresión que significa que algo tiene unos rasgos muy característicos de la región o el lugar, muy popular.
90 galopar: el caballo puede ir al paso, al trote o al galope.
91 Guadalquivir: el río que pasa por Sevilla.
92 afueras: el límite entre la ciudad y el campo.
93 Torre del Oro: fortificación antigua que protegía la entrada de Sevilla por el río.
94 cercado: espacio de campo cerrado.

En casa de doña Sol, Gallardo iba de sorpresa en sorpresa. Vio imágenes y retablos[95] como en las iglesias, y muebles elegantes que parecían frágiles comparados con los de su propia casa, sólidos y caros. La señora abrió una caja con flores pintadas y ofreció a los dos hombres cigarrillos de boquilla[96] dorada, con un perfume fuerte y extraño.

—Tienen opio, son muy agradables.

El extraño perfume de aquel tabaco hacía desaparecer la timidez del torero mientras lo fumaba. Gallardo habló y habló de su vida.

Tras la conversación la dama invitó a los dos hombres a cenar con ella. El apoderado se fue porque tenía una cita con dos amigos, pero el torero, intimidado[97], tuvo que aceptar.

Gallardo sufrió un verdadero tormento[98] al principio de la cena. La señora y él parecían perdidos en aquel comedor, sentados frente a frente en la gran mesa. Los criados, impasibles[99], le causaban respeto. Sentía vergüenza de sus ropas y su forma de actuar en aquel ambiente. Doña Sol lo animó y comió y bebió mucho, y olvidó poco a poco su timidez. El champaña final acabó de animarle.

---

95 retablo: planchas de madera pintadas o con relieves, que se colocan detrás de los altares de las iglesias.
96 boquilla: extremo del cigarrillo que se pone en la boca.
97 intimidado: impresionado.
98 tormento: martirio, tortura.
99 impasible: indiferente, que no siente nada.

Cuando el torero, tras el café en el salón, se puso de pie 135 para despedirse, doña Sol le estrechó la mano y le dijo:

— Quédate. Ven, ¡ven!

* * *

Cuando hablaba con el marqués de Moraima, lo miraba con un cariño casi filial[100]. Aquel señor era un personaje muy importante. Sus antepasados[101] llegaron 140 a Sevilla con el rey que expulsó a los moros[102], y recibieron como premio enormes extensiones de terreno. Sus abuelos fueron amigos y consejeros de los últimos reyes. Gallardo, hijo de zapatero, se imaginaba formar parte de tan noble familia y creía que el marqués era su tío 145 gracias a sus amores con doña Sol, pero esto no se podía decir públicamente.

La vida del torero cambió totalmente. Entraba poco en los cafés de la calle de las Sierpes donde se reunían los aficionados, y, sin embargo, iba mucho a un club 150 aristocrático, con criados de calzón corto[103], decoración gótica y platos y cubiertos[104] de plata sobre las mesas. En uno de los salones se practicaba la esgrima[105] y en otro se jugaba a las cartas durante toda la noche. Los miembros del club aceptaban a Gallardo porque vestía bien, 155

---

100 filial: como de un hijo.
101 antepasado: familar que vivió hace mucho tiempo.
102 moros: árabes, mulsumanes.
103 criados de calzón corto: vestidos como en el siglo XVIII.
104 cubierto: conjunto de tenedor, cuchara y cuchillo.
105 esgrima: arte de la espada y el florete.

gastaba dinero y tenía buenas relaciones. Jugaba mucho y casi siempre perdía cantidades importantes de dinero y esto también le daba fama.

Doña Sol era un enigma[106] para el torero. Gallardo, que la amaba como a una esposa, jamás pudo pasar una noche entera en casa de su amante. Cuando creía que ya la tenía convencida, ella le gritaba:

—¡Vete! Necesito estar sola.

Y él se iba, herido y triste por los caprichos[107] de aquella mujer incomprensible.

En las fiestas de Semana Santa, Gallardo toreaba en la corrida de Pascua. Era la primera vez que iba a matar un toro delante de doña Sol, y esto le preocupaba. Además, torear en Sevilla era siempre un problema. No le importaba hacerlo mal en cualquier plaza de España, pero no en Sevilla. Allí estaban sus mayores enemigos.

La corrida fue un gran éxito para Gallardo. Conocía la plaza, le era familiar, la creía suya. Recordaba las grandes plazas de Valencia y Barcelona, con su suelo blancuzco[108], la arena oscura de las plazas del norte y la tierra rojiza[109] de la gran plaza de Madrid. La arena de Sevilla era distinta; arena del río Guadalquivir, de un amarillo fuerte, como pintura. Cuando la sangre de los toros o de

---

106 enigma: desconocido y que no se comprende.
107 capricho: decisión que alguien toma solo por placer.
108 blancuzco: color blanco sucio.
109 rojizo: un poco rojo.

los caballos caía sobre ella, Gallardo pensaba en los colores de la bandera nacional, rojo y amarillo, que se veía arriba. La mayoría de las plazas eran más o menos nuevas. Pero la de Sevilla era como una catedral, animada por el recuerdo de varias generaciones de toreros.

El segundo toro que iba a matar Gallardo lo llevaron sus ayudantes hasta la parte de la plaza en que estaban sentados el marqués de Moraima, sus dos hijas y doña Sol, vestida de blanco y azul. El torero se quitó la montera y brindó[110] el toro a la dama, ante la mirada de los miles de espectadores que llenaban la plaza.

Tras la muerte del toro, entre los aplausos, un objeto cayó a la arena de la plaza desde el lugar donde estaban doña Sol y su familia. Era un pañuelo de la dama, el mismo que llevaba en la mano, pequeño y perfumado, metido en una sortija[111] con brillantes[112], que regalaba al torero como respuesta a su brindis[113].

Al volver a su casa, tras la corrida, todos los vecinos y su propia familia conocían ya su éxito y el regalo de la sortija. Carmen, su mujer, al verla dijo: «Sí, muy bonita», y se la dio inmediatamente a su cuñada. Parecía que el objeto le quemaba las manos.

Después de esta corrida empezó otra vez la época de los viajes. Iba de éxito en éxito. Nunca se sintió tan feliz.

---

110 brindar: aquí, dedicar la muerte de un toro.
111 sortija: anillo.
112 brillante: diamante.
113 brindis: acto de brindar un toro.

En los días de descanso, libre de sus nervios, del peligro y de la gloria, el torero volvía con su recuerdo a Sevilla. ¡Ay, soñaba con tener a su lado a doña Sol!

La señora estaba en el extranjero. La vio una vez al torear en San Sebastián[114]. Ella estaba en Biarritz y vino con unas señoras francesas que querían conocer al torero. La vio solo esa tarde. Durante el resto del verano, recibió noticias por las pocas cartas que ella le escribió y por lo que su apoderado sabía a través del marqués de Moraima. Estaba en playas de elegantes nombres que oía por primera vez; luego supo que viajó a Inglaterra; después que estuvo en Alemania para oír unas óperas en un teatro que solo abría unas semanas al año.

Cuando se volvieron a encontrar, en Sevilla, Gallardo se sintió otra vez intimidado por su fría amabilidad y la expresión de sus ojos. Lo miraba como a una persona extraña.

—¡Sevilla! —decía doña Sol—, muy bonita, muy agradable. Pero en el mundo hay más. Gallardo, tengo que decirle que me aburro. Voy a irme cualquier día.

Ya no le tuteaba[115].

---

114 San Sebastián: ciudad al norte de España. Actual comunidad autónoma del País Vasco.
115 tutear: hablar de *tú*. Opuesto a hablar de *usted*.

Parte III

Otra vez llegó la Semana Santa.

En años anteriores, el torero salía en la procesión[116] de la iglesia de San Lorenzo, con una túnica[117] negra, con alta caperuza[118] y con máscara[119] que solo dejaba libres los ojos. Era la cofradía[120] de los señores importantes, y Gallardo, al verse un hombre rico, entró en ella para evitar las cofradías populares. Hablaba con orgullo de la seriedad de esta asociación religiosa.

A las dos de la mañana, en la noche del Jueves Santo se abrían las puertas de la iglesia, y ante la multitud salía la cofradía para desfilar[121]. Hombres vestidos de negro caminaban en silencio; avanzaban de dos en dos, con paso lento, y llevaban grandes velas[122] encendidas. La multitud miraba el paso de estos nazarenos[123], que desfilaban durante toda la noche, hasta la salida del sol.

---

116 procesión: desfile religioso con objetos e imágenes. Son famosas las de Sevilla.
117 túnica: vestido largo, semejante al de los religiosos y los nobles en la Edad Media.
118 caperuza: sombrero alto, estrecho y terminado en punta.
119 máscara: pieza de tejido que tapa la cara, dejando libres los ojos.
120 cofradía: asociación religiosa. Generalmente, su símbolo es una imagen religiosa.
121 desfilar: caminar en fila.
122 vela: objeto de cera y con una llama que sirve para dar luz.
123 nazareno: miembro de la cofradía, vestido con la túnica, la caperuza y la máscara.

3.

Al llegar Semana Santa, Gallardo dio una gran alegría a su madre.

En años anteriores salía el espada en la procesión de la parroquia de San Lorenzo, como devoto de Nuestro Padre Jesús del Gran Poder, vistiendo túnica negra de alta caperuza con una máscara que sólo dejaba visible los ojos.

Era la cofradía de los señores, y el torero, al verse camino de la fortuna, ingresó en ella, huyendo de las cofradías populares, en las que la devoción iba acompañada de embriaguez y escándalo.

Gallardo hablaba con orgullo de la seriedad de esta asociación religiosa. Todo puntual y bien disciplinado, lo mismo que en el ejército. Cuando, en la noche del Jueves Santo, el reloj de San Lorenzo daba el segundo golpe de las dos de la madrugada, abríanse instantáneamente las puertas y aparecía ante los ojos de la muchedumbre agolpada en la obscuridad de la plaza todo el interior del templo lleno de luces y con la cofradía formada.

Los negros encapuchados, silenciosos y lúgubres, sin otra vida que el brillo de los ojos al través de la sombría máscara, avanzaban de dos en dos con lento paso, guardando un ancho espacio entre pareja y pareja, empuñando el hachón de lívida llama y arrastrando por el suelo la larga cola de sus túnicas.

La multitud, con esa impresionabilidad fácil de los pueblos meridionales, contemplaba absorta el paso de los encapuchados, a los que llamaba «nazarenos», máscaras misteriosas que eran tal vez grandes señores, llevados por la devoción tradicional a figurar en este desfile nocturno que acababa luego de salido el sol.

La santa cofradía, después de caminar lentamente por las calles, con largas paradas acompañadas de cánticos, entraba en la catedral, que estaba toda la noche con las puertas abiertas.

Sentía admiración por la cofradía de los ricos, pero ese año Gallardo decidió cambiar y salir con la cofradía de la Macarena, mucho más popular. El público de los asientos baratos de la plaza de toros empezaba a criticarle por su trato con la gente rica y el olvido de los que eran sus primeros admiradores. Gallardo lo entendía y estaba dispuesto a cambiar porque necesitaba los aplausos de ese público para vivir.

El Jueves Santo por la noche, al salir de la catedral, Gallardo volvió a su casa a vestirse de nazareno, y lo hizo con el mismo cuidado que cuando se vestía para torear.

La procesión iba muy lentamente y se paraba horas enteras en las plazas y los cruces. No había prisa. Eran las doce de la noche y la Macarena tenía que volver a su iglesia a las doce de la mañana siguiente. Para recorrer la ciudad necesitaba más tiempo que para ir de Sevilla a Madrid. Gallardo, con la cara tapada y el bastón[124] en la mano, signo de autoridad, caminaba delante del paso[125], con las personas más importantes de la cofradía. La calle de las Sierpes era como un salón, con los balcones lle-

---

124 bastón: palo de madera que sirve para ayudarse a caminar.
125 paso: plataforma sobre la que se coloca una imagen que suele estar rodeada de velas u otros objetos religiosos.

nos de gente, lámparas eléctricas colgadas de cables entre pared y pared, y todos los cafés iluminados y llenos. Aquella noche no se dormía en la ciudad. A las tres de la mañana la gente comía en los cafés y por muchas puer-
45 tas salían olores a pescado frito. Familias enteras estaban allí desde las dos de la tarde, y veían pasar procesiones y más procesiones.

Gallardo dejó la procesión poco después de salir el sol. Estuvo con la Virgen toda la noche.

50 El sábado y la mañana del domingo el torero recibió visitas de aficionados de fuera de Sevilla que venían para las fiestas de la Semana Santa y de la Feria[126].

—¡Vamos a ver cómo toreas! —decían—. Todos esperamos mucho de ti. ¿Qué tal van esas fuerzas?

55 —Yo creo que no voy a hacerlo mal del todo —murmuraba Gallardo con falsa modestia[127].

El domingo su preparación para ir a la plaza fue más difícil que otras veces. Carmen, su mujer, hacía esfuerzos por parecer tranquila. La señora Angustias, su ma-
60 dre, le miraba con miedo a perderle.

Gallardo no estuvo en la corrida tan bien como otras veces. Por primera vez, algunos aficionados vieron en

---

126 Feria (de Sevilla): periodo de fiestas, después de la Semana Santa. Las corridas de toros ocupan un lugar central durante esos días.
127 modestia: humildad, no orgullosa.

él reacciones de miedo ante los toros. No se acercó tanto a los cuernos como era su costumbre y la espada no entró en el toro de la manera limpia y exacta de otras veces. 65

—No tuvo suerte —decían sus admiradores—. ¡El toro era malo!

Gallardo no tenía confianza[128] en sí mismo. Los toros le parecían más grandes y su brazo parecía más corto en el momento de sacar la espada. Sus piernas también parecían otras, con una vida independiente, no podían estar quietas cerca del toro. 70

Al salir de la plaza, Gallardo notó el silencio del público, sin esos aplausos de las tardes felices. 75

* * *

En plena primavera la temperatura bajó mucho, el clima de Madrid era inconstante y loco. Hacía frío y llovía. Las corridas de los domingos se cambiaban por otro día de la semana.

La noticia de lo ocurrido en Sevilla circuló por toda España. Los enemigos de Gallardo estaban felices por los largos años de envidia. En varias plazas de provincia empezó a oír protestas y en Madrid toreó una corrida que fue muy mal. Ya no tenía el mismo valor y la misma fuerza. Ya no se acercaba a los toros como antes. 80

85

---

128 confianza: seguridad.

Su apoderado le habló de un buen contrato para algunas plazas de América. Pero él no quería pasar ahora el mar. Necesitaba demostrar en España que era el torero de siempre, luego podía pensar en esa posibilidad.

Una tarde, cuando entraba en la calle de Alcalá por la Puerta del Sol, vio con sorpresa a una señora rubia que bajaba de un coche de caballos y entraba en el Hotel de París. Era doña Sol. Un hombre, con aspecto extranjero, la acompañó hasta la puerta y luego se fue, tras intercambiar palabras y sonrisas con ella. Esa noche, Gallardo durmió mal.

A la mañana siguiente, después de mucho pensar, decidió ir a verla. En su mente, confusamente, unía los amores con doña Sol con su buena suerte con los toros.

Tuvo que esperar más de media hora en el vestíbulo del hotel. Al fin, un criado le llevó a un salón del primer piso. Doña Sol apareció, con un intenso perfume y más hermosa que nunca. Le recordó la primera vez que él la vio en su casa de Sevilla.

Le dio la mano y sonrió con amable frialdad.

— ¿Cómo está usted, Gallardo? Sabía que estaba en Madrid.

Gallardo le contó las últimas etapas de su vida. Ella escuchó con falso interés, mientras sus ojos mostraban indiferencia.

—¿Dónde ha estado usted todo este tiempo, doña Sol?

—Por el mundo —contestó ella con sencillez—. En muchas ciudades que usted no conoce ni de nombre.

—¿Y ese extranjero que le acompaña ahora es..., es...?

—Es un amigo —dijo fríamente—. Un hombre importante. Quiere ver los museos y desde aquí vamos a ir a Andalucía. ¿Qué más quiere usted saber?

Gallardo se quedó desconcertado[129] por la frialdad de la mujer y le pidió explicaciones.

—Doña Sol, usted no tiene perdón. ¿Por qué se fue? ¿Por qué me dejó sin noticias? Yo la quería con toda mi alma.

—Me fui porque me aburría. ¿Hablo claro? Yo no le quiero a usted, Gallardo. Es usted un amigo y nada más. Lo otro, lo de Sevilla, fue un sueño, un capricho loco. Ya no me acuerdo, y usted tiene que olvidarlo.

4.

Versión original del texto anterior

—¿Dónde ha estao usté[I] en too este tiempo[II], doña Zol[III]?...

I *ha estao usté:* ha estado usted.
II *too este tiempo:* todo este tiempo.
III *doña Zol:* doña Sol.

129 desconcertado: sorprendido, alterado.

—Por el mundo—contestó ella con sencillez—. Yo soy ave de paso. En un sinnúmero de ciudades que usted no conoce ni de nombre.

—¿Y ese extranjero que la acompaña ahora es... es...?

—Es un amigo—dijo ella fríamente—. Un amigo que ha tenido la bondad de acompañarme, aprovechando la ocasión para conocer España; un hombre que vale mucho y lleva un nombre ilustre. De aquí nos iremos a Andalucía, cuando acabe él de ver los museos. ¿Qué más desea usted saber?...

En esta pregunta, hecha con altivez, se notaba una voluntad imperiosa de mantener al torero a cierta distancia, de establecer entre los dos las diferencias sociales. Gallardo quedó desconcertado.

—¡Doña Zol!—gimió con ingenuidad—. Lo que usté ha hecho conmigo no tié perdón de Dió[IV]. Usté ha sío mala[V] conmigo, mu mala[VI]... ¿Por qué huyó sin decir una palabra?

Y se le humedecían los ojos, cerrando los puños con desesperación.

—No se ponga usted así, Gallardo. Lo que yo hice fue un gran bien para usted... ¿No me conoce aún bastante? ¿No se cansó de aquella temporada?... Si yo fuese hombre, huiría de mujeres de mi carácter. El infeliz que se enamore de mí es como si se suicidase.

—Pero ¿por qué se fue usté?—insistió Gallardo.

—Me fui porque me aburría. ¿Hablo claro?... Y cuando una persona se aburre, creo que tiene derecho a escapar, en busca

---

IV *no tié perdón de Dió:* no tiene perdón de Dios.
V *Usté ha sío mala:* usted ha sido mala.
VI *mu mala:* muy mala.

de nuevas diversiones. Yo me aburro a morir en todas partes: téngame lástima.

—¡Pero yo la quiero a usté con toa mi arma[VII]!—exclamó el torero con una expresión dramática e ingenua que hubiese hecho reír en otro hombre.

—¡La quiero a usté con toa mi arma!—repitió doña Sol, remedando su acento y su ademán—. ¿Y qué hay con eso?... ¡Ay, estos hombres egoístas, que se ven aplaudidos por las gentes y se figuran que todo ha sido creado para ellos!... «Te quiero con toda mi alma, y esto basta para que tengas que amarme también...». Pues no, señor. Yo no le quiero a usted, Gallardo. Es usted un amigo, y nada más. Lo otro, lo de Sevilla, fue un ensueño, un capricho loco, del que apenas me acuerdo, y que usted debe olvidar.

_____

VII *a ustè con toa mi arma:* a usted con toda mi alma.

El torero intentó tomarla de los brazos.

—¡Quieto, Gallardo! Si sigue usted así, tampoco va a ser mi amigo y lo voy a poner en la puerta[130].   13

El torero sintió vergüenza. Pasó un largo rato y doña Sol le habló de manera más suave.

—Es usted un niño. ¿Por qué pensar en mí? Usted tiene a su mujer que es bella y sencilla; una buena compañera... Lo mío se acabó. A usted le duele en su orgullo   1:

_____

130 poner a alguien en la puerta: despedirle, echarle de algún sitio.

de hombre famoso acostumbrado a los éxitos. Pero es así; se terminó. Amigo y nada más.

Miraba al torero con curiosidad y con pena.

140 —Yo pienso cosas que usted no comprende. Me parece usted otro. El Gallardo de Sevilla era diferente del de aquí. Sé que usted es el mismo, pero para mí es otro. ¿Cómo explicarle esto? En Londres conocí a un rajá. ¿Sabe usted lo que es un rajá?

145 Gallardo se sonrojó[131] por no saberlo y negó con la cabeza.

—Es un príncipe de la India.

La antigua embajadora recordaba al príncipe indio, su cara cobriza[132] con un bigote negro, su turbante[133] 150 blanco, enorme, con un gran brillante.

—Era hermoso, era joven, me adoraba con sus ojos misteriosos, pero yo lo encontraba ridículo cada vez que intentaba decirme en inglés uno de sus cumplimientos[134] orientales. Cuando me hablaba de amor, y sus ojos con 55 lágrimas, me daban deseos de comprarle un abrigo y un sombrero para el frío de Londres. Usted, Gallardo, no comprende nada de esto. Usted me recuerda al rajá, amigo. Allí, en Sevilla, con su traje de campo y a caballo

---

131 sonrojarse: ponerse rojo, ponerse colorado.
132 cobrizo: del color del cobre.
133 turbante: tela que rodea la cabeza, propio de culturas orientales.
134 cumplimiento: perfección en la manera de hacer o decir algo.

estaba usted muy bien. Era un complemento del paisaje. ¡Pero aquí!, en Madrid. Esta ciudad es muy europea, es una ciudad como las demás, la gente ya no va vestida con trajes típicos. Entre los automóviles y los tranvías eléctricos[135], no se enfade, amigo Gallardo, pero me re cuerda usted al indio.

Doña Sol se levantó. La visita era ya demasiado larga. Dijo que tenía que ir al Museo del Prado[136] con su amigo. Le dio la mano fríamente, como a un simple amigo.

El torero salió de la habitación muy enfadado. Una mujer no podía hacer eso con él. Se acabó, pensó, no quería volver a verla.

* * *

Gallardo recibió varias cartas de Carmen. Su mujer sabía lo que estaba pasando en las corridas y las reacciones del público, por eso se lo decía muy claro: tenía que cortarse la coleta[137], como decían los toreros, tenía que retirarse[138] a Sevilla o a La Rinconada con su familia. Pero él no quería porque se imaginaba allí una vida oscura, de cultivar la tierra y cuidar su finca. Era un hombre acostumbrado al éxito, al aplauso del público y al dinero fácil ganado en una tarde. Contestaba a

---

135 tranvía eléctrico: ferrocarril que circula por raíles en la ciudad.
136 Museo del Prado: gran museo de pintura de Madrid, situado en el paseo del Prado. Uno de los más importantes de Europa.
137 cortarse la coleta: dejar el oficio de torero para siempre.
138 retirarse: abandonar, dejar para siempre un trabajo o una actividad.

las cartas de Carmen para explicarle su firme[139] deseo: ¿retirarse? ¡Nunca!

El tiempo mejoró, salió el sol. Al día siguiente iba a ser la segunda corrida. Gallardo fue a la plaza a escoger dos toros. Estaba obsesionado con tener toros buenos. Examinó de cerca los seis toros de la corrida, escogió los dos que le parecieron mejores y habló con los empleados para reservarlos.

Aquella noche Gallardo se durmió con la corrida en el pensamiento. Tenía que quedarse cerca del toro, muy cerca, y conseguir los gritos de la multitud con su audacia. Como antes. Eso era lo importante, estar cerca del toro, no moverse ante el peligro.

La corrida fue mal desde el principio. El primer toro era fuerte y peligroso. Tiró a la arena a varios picadores y mató a los caballos. Gallardo miraba hacia el público.

Allí podía estar doña Sol. Al fin la vio, pero ya no estaba vestida como en Sevilla, ya no parecía una maja como en las pinturas de Goya. Con ella se encontraba su amigo, el que la acompañaba en la puerta del hotel.

Cuando llegó el momento de Gallardo, fue hacia el centro de la plaza con paso firme y echó a los demás miembros de la cuadrilla. Quería quedarse solo con el toro.

---

139 firme: fuerte, sin posibilidad de cambio.

Las cosas fueron bien con el capote y con la muleta. Incluso el público aplaudía, olvidaron la corrida anterior y se oían algunos olés. Aquella tarde era de las buenas, pensó el torero.

Cuando vio al toro en una buena posición, entró a matar con la espada. Pero entonces las cosas fueron diferentes. La espada entró mal. El toro sufría, pero estaba lejos de morir. Parte del público empezó a insultarle[140]: «¡Hijo de...! ¡Mal torero! ¡Hacer sufrir así a un animal que vale más que tú!». Olvidaban que estaban allí para ver la muerte de ese mismo animal.

Al fin, tras otros tres intentos, Gallardo consiguió herir de muerte al toro, que quedó, sin moverse, en la arena. Por fin se veía libre de aquel animal. Pensó que no iba a acabar nunca. Nadie aplaudía. El público le contestaba con el silencio. Sentía vergüenza porque doña Sol y su amigo estaban en aquella corrida y estaban viendo que el público le insultaba.

Salió a la plaza el quinto toro de la tarde, el segundo para Juan Gallardo. El torero pensó en la mala suerte que, en los últimos tiempos, parecía acompañarle y entonces tuvo la impresión de que iba a tener una cogida.

Cuando llegó el momento de la muerte y se tuvo que poner quieto delante del toro, Gallardo perdió la seguridad en sí mismo. Sintió mucho miedo. Cuando el animal movía la cabeza, el torero daba un salto, la cogida

---

140 insultar: decir palabras feas que sirven para molestar a alguien.

estaba cerca. El público lo miraba todo entre silencio e insultos. De manera inesperada, el toro embistió y el torero cayó al suelo. No estaba herido, pero se levantó su-

235 cio de arena y con el traje roto por algunos sitios, se veía el blanco de la ropa interior. Se sintió ridículo.

Los otros dos matadores intentaban ayudarle, preparaban al toro y le ponían en una buena posición para poder entrar a matar y acabar. Pero Gallardo parecía no

240 ver y no oír lo que le decían sus compañeros. Solo veía al toro, miraba sus más pequeños movimientos. Parecía que solo estaban el animal y su miedo al toro. Una voz, en su pensamiento, le decía: «¡Hoy mueres!, ¡hoy es tu última cogida!».

245 El toro embistió en dirección a la muleta de Gallardo, pero con paso lento, parecía conocer la diferencia entre el hombre y la tela. Después quedó inmóvil, con la cabeza hacia el suelo. Era el momento de matar. La multitud quedó en silencio, estaba esperando la muerte. El mata-

250 dor levantó la espada y se acercó al toro. El público, como una sola persona, se puso en pie para ver mejor el momento más importante de la corrida. Los admiradores del torero preparaban ya sus manos para aplaudir. **5.**

5. Versión original del texto anterior

Quedó el toro inmóvil, humillando la cerviz y con la lengua pendiente. Se hizo el silencio precursor de la estocada mortal: un silencio más grande que el de la soledad absoluta, producto de muchos miles de respiraciones contenidas. Fue tan grande este silencio, que llegaron hasta los últimos bancos los menores ruidos del redondel. Todos oyeron un leve crujido de maderas chocando unas con otras. Era que Gallardo, con la punta del estoque, echaba atrás, sobre el cuello del toro, los palos chamuscados de las banderillas que asomaban entre los cuernos. Luego de este arreglo para facilitar el golpe, la muchedumbre avanzó aún más sus cabezas, adivinando la misteriosa correspondencia que acababa de establecerse entre su voluntad y la del matador. «¡Ahora!», decían todos interiormente. Iba a derribar al toro de una estocada maestra.

Todos adivinaban la resolución del espada.

Se tiró a matar al toro como en sus buenos tiempos. Pero de pronto el toro lo levantó del suelo, lo tiró al aire y después rodó por la arena. El toro bajó la cabeza y enganchó el cuerpo inmóvil con los cuernos, lo subió y luego lo dejó caer. Gallardo se levantó torpemente y la plaza entera empezó a aplaudir, a gritar vivas y olés. Pero Gallardo se movía con dificultad y no contestaba al público, tenía las manos en el vientre[141] y la cabeza baja. Dos veces la levantó, miraba hacia la puerta de salida, la buscaba sin verla. De pronto cayó en la arena, como un insecto enorme de seda y oro. Entre sus ayudantes le sacaron rápidamente del redondel.

255

260

6. 265

6.

Versión original del texto anterior

Pero de pronto, el hombre salió de entre los cuernos despedido como un proyectil por un cabezazo demoledor, y rodó por la arena. El toro bajó la cabeza y sus cuernos engancharon el

---

141 vientre: parte del cuerpo que está debajo del pecho.

cuerpo inerte, elevándolo un instante del suelo y dejándolo caer, para proseguir su carrera, llevando en el cuello la empuñadura de la espada, hundida hasta la cruz.

Gallardo se levantó torpemente, y la plaza entera estalló en un aplauso ensordecedor, ansiosa de reparar su injusticia. ¡Olé los hombres! ¡Bien por el niño de Sevilla! Había estao güeno*.

Pero el torero no contestaba a estas exclamaciones de entusiasmo. Se llevó las manos al vientre, agachándose en una curvatura dolorosa, y comenzó a andar con paso vacilante y la cabeza baja. Por dos veces la levantó, mirando a la puerta de salida como si temiese no encontrarla, perdido en temblorosos zigzags, cual si estuviese ebrio.

De pronto cayó en la arena, encogido como un gusano enorme de seda y oro. Cuatro mozos de la plaza tiraron torpemente de él hasta izarlo sobre sus hombros. El Nacional se unió al grupo, sosteniendo la cabeza del espada, pálida, amarillenta, con los ojos vidriosos al través de las pestañas cruzadas.

_____

* *Había estao güeno:* había estado bueno.

El público tuvo un momento de sorpresa. Terminaron los aplausos y la gente miraba para saber la gravedad de la cogida. Pronto circularon buenas noticias. No era nada, un golpe en el vientre nada más. Nadie vio sangre.

Llegaron dos médicos hasta la enfermería donde estaba Gallardo. Le quitaron el pantalón y la camisa y la sorpresa fue general. Tenía una gran herida en el vientre. Gallardo ya no respiraba. Por la puerta del redondel llegaba el ruido de la gente y el sonido de la música.

En aquel mismo momento sacaban al toro de la arena, inmóvil. Manchaba de sangre el redondel e iba con los ojos vacíos de vida.

En ese momento, la multitud se animaba esperando la continuación del espectáculo. Rugía[142] la fiera: la verdadera, la única.

280

---

142 rugir: ruido que hacen algunas fieras, como el león.

ACTIVIDADES

Aquí tienes dos fragmentos de *Sangre y arena*. texto adaptado y versión original. Léelos y responde a las preguntas.

Fragmento 1.

Texto adaptado

Como todos los días de corrida, Juan Gallardo comió pronto. Un trozo de carne asada fue su único plato. Nada de vino: no tocó la botella. Bebió dos tazas de café y encendió un cigarro enorme. Miraba a los clientes que llegaban poco a poco al comedor.

Hacía algunos años que venía al mismo hotel de la calle de Alcalá, desde que le dieron la alternativa en la plaza de toros de Madrid. Allí también estuvo muchos días enfermo por dos cogidas, pero este mal recuerdo no le importaba, porque todos los empleados lo querían mucho. Él sabía que pasaba grandes peligros en su trabajo, pero pensaba que este hotel le daba buena suerte.

1. ¿Por qué comió pronto Juan Gallardo aquel día?
2. ¿Qué comió?
3. ¿Por qué iba siempre a ese hotel de la calle de Alcalá?
4. ¿Qué malos recuerdos tenía del hotel?
5. Observa las palabras subrayadas en la versión original y marca su equivalente en el texto adaptado.

Versión original

Como en todos los días de corrida, Juan Gallardo almorzó temprano. Un pedazo de carne asada fue su único plato. Vino, ni probarlo: la botella permaneció intacta ante él. Había que conservarse sereno. Bebió dos tazas de café negro y espeso, y encendió un cigarro enorme, quedando con los codos en la mesa y la mandíbula apoyada en las manos, mirando con ojos soñolientos a los huéspedes que poco a poco ocupaban el comedor.

Hacía algunos años, desde que le dieron «la alternativa» en la Plaza de Toros de Madrid, que venía a alojarse en el mismo hotel de la calle de Alcalá, donde los dueños le trataban como si fuese de la familia, y mozos de comedor, porteros, pinches de cocina y viejas camareras le adoraban como una gloria del establecimiento. Allí también había permanecido muchos días —envuelto en trapos, en un ambiente denso cargado de olor de yodoformo y humo de cigarros— a consecuencia de dos cogidas; pero este mal recuerdo no le impresionaba.

Fragmento 2.

Texto adaptado

Uno de esos días, un viernes por la tarde, paseando hacia la calle de las Sierpes tuvo deseos de entrar en la iglesia de San Lorenzo. En la plaza había lujosos coches de caballos. De ellos bajaban señoras, vestidas de negro, con ricas mantillas. Al entrar en la iglesia, vio que entre las devotas pasaba una mujer alta, de belleza sorprendente, vestida de colores claros y con un gran sombrero de plumas. Debajo de este brillaba el oro luminoso de sus cabellos. Gallardo la reconoció, era doña Sol, la sobrina del marqués de Moraima. *La Embajadora*, como la llamaban en Sevilla.

Al pasar junto a Juan, la mirada de doña Sol no se bajó, más bien se quedó fija, con la frialdad de una gran señora, y esto le obligó a él a desviar la suya.

1. Describe a las señoras que bajaban de los coches de caballos para entrar en la iglesia.
2. ¿De qué color era el cabello de doña Sol?
3. ¿Cómo llamaban a doña Sol en Sevilla?
4. Observa las palabras subrayadas en la versión original y marca su equivalente en el texto adaptado.

Versión original

En una de estas salidas, un viernes por la tarde, Gallardo, que iba camino de la calle de las Sierpes, sintió deseos de entrar en la parroquia de San Lorenzo. En la plazuela alineábanse lujosos carruajes. Lo mejor de la ciudad iba en este día a rezar a la milagrosa imagen de Nuestro Padre Jesús del Gran Poder. Bajaban las señoras de sus coches, vestidas de negro, con ricas mantillas, y los hombres penetraban en la iglesia, atraídos por la concurrencia femenina. Gallardo entró también. [...] Pasaba una señora por entre las devotas, atrayendo la atención de éstas: una mujer alta, esbelta, de belleza ruidosa, vestida de colores claros y con un gran sombrero de plumas, bajo el cual brillaba con estallido de escándalo el oro luminoso de su cabellera. Gallardo la conoció. Era doña Sol, la sobrina del marqués de Moraima, «la Embajadora», como la llamaban en Sevilla. [...]

La mirada de doña Sol no se bajó al encontrarse con la del torero; antes bien, permaneció fija, con una frialdad de gran señora, obligando al matador, respetuoso con los ricos, a desviar la suya.

Redactas un texto

- Esta novela se llama *Sangre y arena*, ¿por qué crees que el autor ha elegido este título? ¿A qué hace referencia? Pon otro título al libro.

- Algunos temas del libro son el éxito y el fracaso, el amor y los celos. Explica en qué partes de la novela se ven estos temas.

Escribes tu opinión

- Hay muchas personas a favor de las corridas de toros, pues es una fiesta española de gran tradición. Otros piensan que es una manera de maltratar a los animales. Escribe un breve párrafo dando tu opinión.

DICCIONARIO

Traduce a tu lengua.

abrigo (el) ....

aburrir ....

acabar ....

accidente (el) ....

aceptar ....

acera (la) ....

acercar ....

acompañado, a ....

acompañar ....

acordarse ....

acostumbrado, a ....

admiración (la) ....

admirado, a ....

admirador, -a (el, la) ....

admirar ....

adolescencia (la) ....

adorar ....

aficionado, a (el, la) ....

afueras (las) ....

agradable ....

ahora ....

aire (el) ....

al fin ....

alejar ....

alma (el) ....

alternativa (la) ....

amabilidad (la) ....

amable ....

amante (el, la) ....

ambiente (el) ....

amistad (la) ....

amor (el) ....

anacronismo (el) ....

andaluz, -a ....

animado, a ....

animar ....

antepasado, a (el, la) ....

antiguo, a ....

anunciar ....

aparecer ....

aplaudir ....

aplauso (el) ....

apoderado, a (el, la) ....

aprender ....

aprendiz, -a (el, la) ....   belleza (la) ....

arena (la) ....   bello, a ....

aristocrático, a ....   blancuzco, a ....

armadura (la) ....   boda (la) ....

asado, a ....   bondad (la) ....

asiento (el) ....   boquilla (la) ....

asociación (la) ....   bordado (el) ....

aspecto (el) ....   botella (la) ....

atención (la) ....   bramar ....

atraer ....   brazo (el) ....

atrapar ....   brillante ....

audacia (la) ....   brillante (el) ....

automóvil (el) ....   brillar ....

autoridad (la) ....   brindar ....

avanzar ....   brindis (el) ....

avisar ....   brumoso, a ....

ayudante (el, la) ....   brutal ....

ayudar ....   buscar ....

azulejo (el) ....   caballo (el) ....

balcón (el) ....   cabello (el) ....

bandera (la) ....   cable (el) ....

banderillero (el) ....   cabra (la) ....

banquete (el) ....   cadena (la) ....

barato, a ....   caer ....

barrera (la) ....   caja (la) ....

barrio (el) ....   calcetín (el) ....

bastón (el) ....   calma (la) ....

batista (la) ....   calzón (el) ....

caminar ....

campana (la) ....

campestre ....

campo (el) ....

cántico (el) ....

cantidad (la) ....

capa (la) ....

capaz ....

capea (la) ....

caperuza (la) ....

capote (el) ....

capricho (el) ....

cariño (el) ....

carne (la) ....

carrera (la) ....

carta (la) ....

cartel (el) ....

casado, a ....

casar ....

causa (la) ....

causar ....

cercado (el) ....

chaleco (el) ....

champaña (el) ....

chaqueta (la) ....

cielo (el) ....

cigarrillo (el) ....

cigarro (el) ....

circo (el) ....

circular ....

cita (la) ....

clarín (el) ....

claro, a ....

cliente (el, la) ....

clima (el) ....

cobrizo, a ....

cofradía (la) ....

cogida (la) ....

coleta (la) ....

colgado, a ....

colocado, a ....

columna (la) ....

comedor (el) ....

comentar ....

comer ....

comenzar ....

comienzo (el) ....

compañía (la) ....

comparado, a ....

complemento (el) ....

completamente ....

completo, a ....

comprender ....

comunicar ....

confianza (la) ....

confirmar ....

confusamente ....

conocer ....

conocido, a ....

consecuencia (la) ....

conseguir ....

consejero, a (el, la) ....

considerar ....

contento, a ....

contestar ....

continuación (la) ....

continuo, a ....

contrato (el) ....

convencido, a ....

corazón (el) ....

corazonada (la) ....

corbata (la) ....

correr ....

corrida (la) ....

cortar ....

cortijo (el) ....

corto, a ....

cosa (la) ....

coser ....

costumbre (la) ....

creer ....

criado, a (el, la) ....

criticar ....

cruce (el) ....

cuadrilla (la) ....

cubierto (el) ....

cuerno (el) ....

cuidado (el) ....

cuidar ....

cultivar ....

cumplimiento (el) ....

cuñado, a (el, la) ....

curiosidad (la) ....

dama (la) ....

dar ....

decoración (la) ....

dehesa (la) ....

dejar ....

delantero, a ....

demasiado ....

demostrar ....

desaparecer ....

descansar ....

descanso (el) ....

desconcertado, a ....

desconfianza (la) ....

descubierto, a ....

desear ....

deseo (el) ....

deseoso, a ....

desesperado, a ....

desfilar ....

desmayar ....

despedir ....

desviar ....

detalle (el) ....

devoto, a (el, la) ....

dificultad (la) ....

diligencia (la) ....

dinero (el) ....

diputado (el) ....

dirección (la) ....

dispuesto, a ....

distinto, a ....

divertir ....

doblar ....

doler ....

doloroso, a ....

dorado, a ....

dueño, a (el, la) ....

dulzura (la) ....

durar ....

echar ....

edad (la) ....

eléctrico, a ....

elegante ....

embajador, -a (el, la) ....

embestir ....

emoción (la) ....

empleado, a (el, la) ....

encender ....

encendido, a ....

encontrar ....

encontronazo (el) ....

enemigo, a (el, la) ....

enfadado, a ....

enfadar ....

enfermería (la) ....

enfermo, a ....

enganchado, a ....

enganchar ....

engaño (el) ....

enigma (el) ....

enorme ....

entender ....

entero, a ....

envidia (la) ....

época (la) ....

esbelto, a ....

escalera (la) ....

escoger ....

escribir ....

escuadrón (el) ....

esfuerzo (el) ....

esgrima (la) ....

espacio (el) ....

espada (la) ....

espectáculo (el) ....

espectador, -a (el, la) ....

espejo (el) ....

esperar ....

esposo, a (el, la) ....

estoque (el) ....

estrechar ....

etapa (la) ....

evitar ....

exacto, a ....

examinar ....

excitación (la) ....

éxito (el) ....

expulsar ....

extensión (la) ....

exterior (el) ....

extranjero, a ....

extraño, a ....

extraordinario, a ....

fábrica (la) ....

falso, a ....

faltar ....

fama (la) ....

famoso, a ....

feliz ....

feria (la) ....

ferrocarril (el) ....

fiera (la) ....

fijo, a ....

fila (la) ....

filial ....

fin (el) ....

final ....

finca (la) ....

fino, a ....

firme ....

físico, a ....

flor (la) ....

formar ....

frágil ....

frente a frente ....

frialdad (la) ....

fríamente ....

frío (el) ....

frito, a ....

fuera ....

fuerte ....

fuerza (la) ....

fumar ....

furioso, a ....

galopar ....

ganado (el) ....

ganar ....

gastar ....

generación (la) ....

gitano, a (el, la) ....

gloria (la) ....

golpe (el) ....

gótico, a ....

gratuitamente ....

grave ....

gravedad (la) ....

gritar ....

grito (el) ....

herida (la) ....

herido, a ....

herir ....

hermoso, a ....

héroe, heroína (el, la) ....

hidalgo (el) ....

hombro (el) ....

huir ....

ídolo (el) ....

igual ....

igualmente ....

iluminado, a ....

ilusión (la) ....

imaginar ....

imitar ....

impasible ....

importante ....

importar ....

impresión (la) ....

incomprensible ....

inconstante ....

independiente ....

indiferencia (la) ....

inesperado, a ....

infancia (la) ....

inmediatamente ....

inmóvil ....

insultar ....

insulto (el) ....

intenso, a ....

intentar ....

intento (el) ....

intercambiar ....

interés (el) ....

interesado, a ....

interior (el) ....

intimidado, a ....

jamás ....

lado (el) ....

lámpara (la) ....

lejano, a ....

lentamente ....

lento, a ....

libre ....

lidia (la) ....

lidiar ....

limpiar ....

llenar ....

lleno, a ....

llevar ....

llorar ....

local ....

loco, a ....

lugar (el) ....

lujoso, a ....

luminoso, a ....

luz (la) ....

maja (la) ....

maleta (la) ....

manchar ....

manera (la) ....

mantilla (la) ....

marido (el) ....

mármol (el) ....

marqués, -a (el, la) ....

masa (la) ....

máscara (la) ....

matador (el) ....

matar ....

matrimonial ....

matrimonio (el) ....

mayor ....

mayoría (la) ....

medio, a ....

mejor ....

mejorar ....

mente (la) ....

meter ....

metido, a ....

miedo (el) ....

miembro (el) ....

mirada (la) ....

mirar ....

miseria (la) ....

misterio (el) ....

misterioso, a ....

modestia (la) ....

molino (el) ....

moneda (la) ....

montera (la) ....

morir ....

moro, a (el, la) ....

mostrar ....

mover ....

movimiento (el) ....

muchacho, a (el, la) ....

muerte (la) ....

muerto, a ....

muleta (la) ....

multitud (la) ....

mundo (el) ....

murmurar ....

música (la) ....

nacer ....

nazareno, a (el, la) ....

necesidad (la) ....

negar ....

nervio (el) ....

nervioso, a ....

noble (el) ....

notar ....

noticia (la) ....

novedad (la) ....

novillero (el) ....

novillo (el) ....

novio, a (el, la) ....

nuevo, a ....

numeroso, a ....

nunca ....

obligar ....

obsesionado, a ....

ocurrido, a ....

ocurrir ....

ofrecer ....

oír ....

olivo (el) ....

olor (el) ....

olvidar ....

olvido (el) ....

ópera (la) ....

opio (el) ....

orden (la) ....

organizar ....

orgullo (el) ....

oriental ....

orilla (la) ....

oro (el) ....

oscuro, a ....

ovación (la) ....

padrino (el) ....

paisaje (el) ....

pañuelo (el) ....

papel (el) ....

parada (la) ....

parar ....

parecer ....

parecido, a ....

pared (la) ....

parte (la) ....

pasar ....

pase (el) ....

pasear ....

paso (el) ....

pata (la) ....

patio (el) ....

peatón (el) ....

peligro (el) ....

peligroso, a ....

pensamiento (el) ....

pensar ....

peón (el) ....

perder ....

perdido, a ....

perdón (el) ....

perfumado, a ....

perfume (el) ....

periódico (el) ....

periodo (el) ....

perla (la) ....

personaje (el) ....

pesado, a ....

peseta (la) ....

picador (el) ....

pierna (la) ....

pintado, a ....

pintoresco, a ....

pintura (la) ....

pisar ....

piso (el) ....

plata (la) ....

pleno, a ....

pluma (la) ....

pobre ....

poder ....

poner ....

por fin ....

posibilidad (la) ....

posición (la) ....

practicar ....

prado (el) ....

precio (el) ....

premio (el) ....

preocupar ....

preparación (la) ....

preparado, a ....

preparar ....

príncipe, princesa (el, la) ....

principio (el) ....

prisa (la) ....

procesión (la) ....

profundo, a ....

propietario, a (el, la) ....

propio, a ....

protesta (la) ....

provincia (la) ....

provocar ....

públicamente ....

público (el) ....

pueblo (el) ....

quedarse ....

quemar ....

quieto, a ....

quitar ....

rajá (el) ....

rápidamente ....

rato (el) ....

reacción (la) ....

realizar ....

rebaño (el) ....

recibir ....

reconocer ....

reconocimiento (el) ....

recordar ....

recorrer ....

rectángulo (el) ....

recuerdo (el) ....

redondel (el) ....

regalar ....

regalo (el) ....

regla (la) ....

relación (la) ....

religioso, a ....

remendón, -a ....

reservar ....

respeto (el) ....

respirar ....

respuesta (la) ....

resto (el) ....

retablo (el) ....

retirar ....

reunir ....

revisor (el) ....

rey, reina (el, la) ....

rico, a ....

ridículo (el) ....

río (el) ....

riqueza ....

rodar ....

rojizo, a ....

roto, a ....

rugido (el) ....

rugir ....

ruido (el) ....

sacar ....

salto (el) ....

salud (la) ....

salvaje ....

salvar ....

san(to), santa ....

sangre (la) ....

seda (la) ....

seguridad (la) ....

sencillez (la) ....

sencillo, a ....

sentado, a ....

sentar ....

sentir ....

sentimiento (el) ....

señorito, a (el, la) ....

seriedad (la) ....

servicio (el) ....

sevillana (la) ....

siempre ....

signo (el) ....

siguiente ....

silencio (el) ....

simple ....

sitio (el) ....

sólido, a ....

soltar ....

sombra (la) ....

sombrero (el) ....

sonar ....

sonido (el) ....

sonreír ....

sonrisa (la) ....

sonrojar ....

soñar ....

sorprendente ....

sorpresa (la) ....

sortija (la) ....

suave ....

suceso (el) ....

sucio, a ....

suelo (el) ....

sueño (el) ....

suerte (la) ....

sufrir ....

superior ....

tabaco (el) ....

también ....

tampoco ....

tapado, a ....

tarde ....

tarde (la) ....

taza (la) ....

tela (la) ....

temblar ....

temperatura (la) ....

terreno (el) ....

tierra (la) ....

timbal (el) ....

timidez (la) ....

típico, a ....

tipo (el) ....

tirar ....

tocar ....

todavía ....

tomar ....

torear ....

torero (el) ....

tormento (el) ....

toro (el) ....

torpemente ....

torre (la) ....

totalmente ....

traje (el) ....

tranvía (el) ....

trapo (el) ....

trato (el) ....

triunfal ....

trompeta (la) ....

trozo (el) ....

túnica (la) ....

turbante (el) ....

turno (el) ....

tutear ....

último, a ....

único, a ....

unir ....

urbano, a ....

vaca (la) ....

vacío, a ....

vagabundo, a (el, la) ....

vagón (el) ....

valentía (la) ....

valer ....

valiente ....

valor (el) ....

vecino, a (el, la) ....

vehículo (el) ....

vela (la) ....

vencedor, -a (el, la) ....

verdadero, a ....

vergüenza (la) ....

vestíbulo (el) ....

vestido (el) ....

vestido, a ....

vestir ....

vez (la) ....

viajero, a (el, la) ....

vida (la) ....

vientre (el) ....

vino (el) ....

violencia (la) ....

virgen (la) ....

vista (la) ....

viva (el) ....

vivir ....

voz (la) ....

zapatería (la) ....

zapatero, a (el, la) ....

Títulos de la colección

Nivel A2

El Lazarillo de Tormes. *Anónimo.*
La gitanilla. *Miguel de Cervantes.*
Fuenteovejuna. *Lope de Vega.*
Don Juan Tenorio. *José Zorrilla.*
El estudiante de Salamanca. *José de Espronceda.*
Sangre y arena. *Vicente Blasco Ibáñez.*

Nivel B1

Cantar de Mío Cid. *Anónimo.*
La Celestina. *Fernando de Rojas.*
La vida es sueño. *Calderón de la Barca.*
La Regenta. *Leopoldo Alas «Clarín».*

Nivel B2

Don Quijote I. *Miguel de Cervantes.*
Don Quijote II. *Miguel de Cervantes.*